SUCCESSION

DE

M. Achille LECLERCQ

ANTIQUAIRE

"A la Croix de ma Mère"

3ᵉ Vente

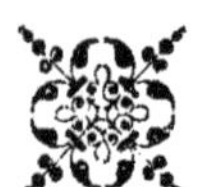

SUCCESSION

DE

ANTIQUAIRE

"A la Croix de ma Mère"

✳

3ᵉ Vente

CONDITIONS DE LA VENTE

Elle sera faite au comptant.

Les acquéreurs payeront *dix pour cent* en sus des adjudications.

L'exposition mettant le public à même de se rendre compte de l'état des objets, aucune réclamation ne sera admise une fois l'adjudication prononcée.

CATALOGUE

DES

DES XVIᵉ, XVIIᵉ ET XVIIIᵉ SIÈCLES

BORDURES

Éventails — Bijoux anciens

Bronzes d'Art et d'Ameublement — Marbres — Terres cuites

PORCELAINES — FAIENCES

DES XVIIᵉ ET XVIIIᵉ SIÈCLES

SIÈGES GARNIS EN ANCIENNE TAPISSERIE

Cadres — Bois sculptés

DÉPENDANT DE LA SUCCESSION DE

ET DONT LA VENTE, PAR SUITE DE DÉCÈS, AURA LIEU A PARIS

Les 19, 20 et 21 Décembre 1904

à 2 heures

COMMISSAIRES-PRISEURS :

6, rue de Hanovre.　　　　69, rue Sainte-Anne

EXPERTS :

boulevard Saint-Germain　　　　rue Chauchat, 12, rue Laffitte

EXPOSITION PUBLIQUE, Salles Nᵒˢ 5 et 6

Le Dimanche 18 Décembre 1904, de 2 h. à 6 h.

ORDRE DES VACATIONS

Lundi 19 Décembre

NUMÉROS

Objets de Vitrine.	136 à 180
Faïences. — Porcelaines.	181 à 209
Objets variés.	210 à 238
Marbres. — Terres cuites. — Ivoires	114 à 135

Mardi 20 Décembre

Bronzes. — Pendules.	87 à 113
Sièges.	35 à 66
Étoffes. — Franges.	300 à 367

Mercredi 21 Décembre

Cadres	67 à 86
Meubles	1 à 34
Tapisseries.	239 à 299

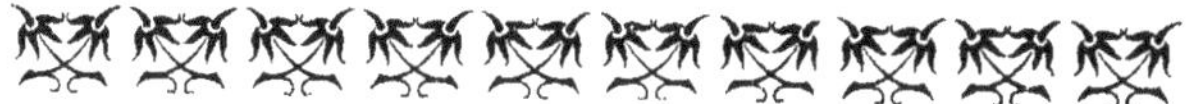

OBJETS D'ART

MEUBLES

1 — Devant de coffre orné de six panneaux en bois sculpté. Époque gothique.

2 — Table à colonnes droites, à allonges. Style Renaissance.

3 — Table à deux tiroirs. Époque Louis XIII.

4 — Table à pieds tors et croisillon. Époque Louis XIII.

5 — Deux écussons en bois sculpté. Époque Louis XIII.

6 — Console-support en bois sculpté, dorure ancienne. Époque Louis XIII.

7 — Deux torchères en bois sculté, dorure ancienne, représentant un Indien supportant un plateau. Époque Louis XIV.

8 — Bois d'écran garni de tapisserie d'Aubusson, représentant le Renard et la Cigogne. Époque Louis XIV.

9 — Bois d'écran. Époque Louis XIV.

10 — Table à jeu, en acajou, dessus formant bureau et table à jeu. Époque Louis XV.

11 Table à ouvrage en marqueterie de bois de violette. Époque Louis XV.

12 — Cartonnier en marqueterie de bois de rose et de violette. Époque Louis XV.

13 — Petite table-bureau en bois de placage, ornée de bronzes et de moulures en cuivre, dessus de maroquin. Époque Louis XV.

14 — Petite commode à deux tiroirs, de forme contournée, en bois de placage et dessus de marbre, applications de bronzes. Époque Louis XV.

15 — Petite commode à deux tiroirs, en bois de placage et filets; appliques en bronze, dessus de marbre. Époque Louis XV.

16 — Petite commode à deux tiroirs, en bois de placage et appliques en bronze, dessus de marbre. Époque Louis XV.

17 — Petite table en marqueterie de bois de couleur. Époque Louis XV.

18 — Bois de paravent à quatre feuilles. Style Louis XV.

19 — Paire de petits flambeaux, en forme de torchères, travail italien, en bois sculpté et doré. Époque xviiie siècle.

20 — Guéridon à crémaillère, dessus en marbre blanc à galerie de cuivre. Époque Louis XVI.

21 — Encoignure bois de placage dessus de marbre. Époque Louis XVI.

22 — Petite vitrine plate en forme de boîte octogonale en acajou et bronze doré. Époque Louis XVI.

23 — Petite console en bois sculpté et doré, forme demi-lune à dessus de marbre. Époque Louis XVI.

24 — Baromètre de forme ronde, en bois sculpté et doré, à fronton orné de nœud de ruban. Époque Louis XVI.

25 — Baromètre à cadran, fronton décoré d'attributs géographiques, en bois sculpté et doré. Époque Louis XVI.

26 — Guéridon en acajou, orné de filets de cuivre, dessus de marbre rouge, à galerie. Style Louis XVI.

27 — Écran en bois sculpté et doré, garni d'une soie rose ornée de broderies au point de chaînette représentant des guirlandes de roses encadrant des attributs champêtres. Style Louis XVI.

28 — Guéridon à trépied en acajou, dessus à paysages et marines fixé sous verre. Époque Restauration.

29 — Pupitre écritoire en os incrusté.

30 — Petit coffret formant vitrine à bijoux en marqueterie genre Boule.

31 — PETITE TABLE à quatre pieds cambrés, disposée en vitrine plate.

32 — ARMOIRIE en bois sculpté et peint avec couronne de comte.

33 — VIOLON et ARCHET.

34 — MOBILIER contenant : armoire à glace acajou, toilette, commode, table, etc.

SIÈGES

35 — TABOURET en bois sculpté. recouvert de tapisserie ancienne au petit point. Style Renaissance.

36 — TROIS CHAISES à pieds tors. Époque Louis XIII.

37 — CHAISE escabeau. Style Louis XIII.

38 — TABOURET garni en blanc. Époque Louis XIV.

39 — TABOURET en bois sculpté, dorure ancienne. recouvert de tapisserie au point. Époque Louis XIV.

40 — TABOURET en bois sculpté et doré. avec traverse d'entre-jambes. Époque Louis XIV.

41 — DEUX ESCABEAUX en bois sculpté. Style Louis XIV.

42 — FAUTEUIL en bois sculpté et doré. de style Régence. garni de tapisseries anciennes à décor d'animaux dans un encadrement de fleurs sur fond rouge.

43 — Bois de canapé peint en blanc. Époque Louis XV.

44 — Fauteuil garni de tapisserie au point. Époque Louis XV.

45 — Fauteuil garni de tapisserie au point. Époque Louis XV.

46 — Bergère en bois sculpté et doré, garnie d'étoffe verte. Époque Louis XV.

47 — Deux petits fauteuils, recouverts d'étoffes brochées. Époque Louis XV.

48 — Tabouret en bois sculpté, blanc et or. Époque Louis XV.

49 — Tabouret en bois sculpté. Époque Louis XV.

50 — Bois de fauteuil. Époque Louis XV.

51 — Fauteuil de bureau en bois sculpté, siège et dossier cannés. Époque Louis XV.

52 — Chaise recouverte en tapisserie d'Aubusson. Époque Louis XV.

53 — Fauteuil de bureau en bois sculpté, canné. Style Louis XV.

54 — Deux bois de tabourets de pied en bois sculpté. Style Louis XV.

55 — Chaise longue, en trois parties, en bois sculpté, cannée. Style Louis XV.

56 — Petit tabouret de pied, peint en gris. Style Louis XV.

57 — Deux tabourets en bois sculpté, peint en gris. Style Louis XV.

58 — Six fauteuils en bois sculpté, garnis en blanc. Style Louis XV.

59 — Fauteuil garni de tapisseries au point. Époque Louis XVI.

60 — Fauteuil en bois sculpté et doré, à pieds tors, garni en blanc. Époque Louis XVI.

61 — Fauteuil laqué blanc, dossier à colonnettes, siège recouvert d'étoffe à fleurs. Époque Louis XVI.

62 — Petit canapé en bois sculpté et doré, à fronton orné de guirlandes de fleurs, garni en blanc. Style Louis XVI.

63 — Petit tabouret carré en bois sculpté, recouvert d'étoffe. Style Louis XVI.

64 — Deux petits fauteuils d'enfant, en bois sculté et doré, dossiers à lyre, sièges recouverts de tapisseries, représentant un paysage encadré de fleurs et de trophées. Style Louis XVI.

65 — Deux chaises en bois sculpté, noir et or, garnies de tapisseries au point, à fond bleu. Époque Empire.

66 — Tabouret en acajou, garni de tapisserie au point. Époque Empire.

CADRES

67 — MIROIR en marqueterie. Époque Louis XIII.

68 — CADRE en bois sculpté et doré, à décor d'ornements courants. Époque Louis XIV.

69 — CINQ CADRES à roses et fronton à guirlandes de feuilles de lauriers en bois sculpté et doré. Époque Louis XIV.

70 — MIROIR en bois sculpté et doré. Époque Louis XIV.

71 — CADRE DE CHRIST en bois sculpté et doré, et Christ ivoire. Époque Louis XIV.

72 — CADRE en bois sculpté à guirlandes de feuilles de chêne. Époque Louis XIV.

Haut., 1 m. 00; larg., 0 m. 65.

73 — BAGUETTES en bois sculpté, dorure ancienne. Époque Louis XIV.

Environ 4 m. 40.

74 — CADRE Louis XIV en bois sculpté doré.

75 — CADRE en bois sculpté doré. Époque Régence.

76 — DEUX CADRES en bois sculpté, dorure ancienne. Époque Louis XVI.

Haut., 0 m. 85; larg., 0 m. 65.

77 — BAGUETTES en bois sculpté et doré, à décor de perles et d'olives. Époque Louis XVI.

Environ 10 mètres.

78 — BAGUETTES en bois sculpté, peintes en gris, à décors de perles, ruban et olives. Époque Louis XVI.

Environ 5 m. 90.

79 — LYRE en bois sculpté et doré. Époque Louis XVI.

80 — BAGUETTES en bois sculpté, dorure ancienne, formant cadre, à décor de feuilles de lauriers et de perles. Époque Louis XVI.

Environ 7 m. 80.

81 — BAGUETTES en bois sculpté et doré, à décor d'oves et de perles. Époque Louis XVI.

Environ 15 m. 80.

82 — CADRE en bois sculpté et doré, style Louis XVI.

83 — HUIT CADRES anciens et un fronton, en pâte et bois sculpté.

84 — LOT DE BAGUETTES diverses en bois sculpté.

85 — LOT DE MOULURES dorées.

86 — LOT DE CADRES et de galeries modernes.

BRONZES & PENDULES

87 PENDULE religieuse en marqueterie, d'écaille et cuivre. Époque Louis XIV.

88 — PAIRE DE GIRANDOLES à deux lumières, en bronze argenté. Époque Régence.

89 — FLAMBEAU en bronze doré. Époque Louis XV.

90 — Paire de girandoles à deux lumières, en bronze argenté. Époque Louis XV.

91 — Paire de flambeaux Louis XVI en bronze ciselé et doré.

92 — Paire de girandoles à deux branches, en bronze argenté.

93 — Paire de petits chenets en forme de feuillages et rocailles. Époque Louis XV.

94 — Devant de foyer en bronze. Époque de la Restauration.

95 — Paire de petits chenets en bronze.

96 — Petit Christ en bronze patiné, sur croix en bois noir. XVIe siècle.

97 — Christ et croix en bronze doré, orné de pierres de couleur. Travail byzantin.

98 — Pied de croix en forme de fût, en bronze gravé doré. Travail byzantin.

99 — Bénitier en bronze doré et patiné Louis XIV.

100 — Une serrure Louis XV en bronze ciselé et doré à rinceaux. Chiffrée F. R.

101 — Trois serrures en bronze ciselé et doré, orné de rinceaux cariatide, vase et ornements divers. Époque Louis XVI.

102 — Deux paires de patères en bronze ciselé et doré. Époque Louis XV.

103 — Deux presse-papier, formés d'un chien et d'un lion en bronze sur socle en marbre.

104 — Un ex-libris armorié en bronze.

105 — Groupe en bronze patiné. Ange gardien.

106 — Buste de Béranger en bronze patiné sur socle en marbre.

107 — Deux bronzes faisant pendants, formés chacun de deux figures de femmes et symbolisant la chasse et la pêche. Signés Peiffer.

108 — Médaillon en bronze patiné de Chevallier, portrait de Rossini.

109 — Deux bronzes-appliques : l'*Hiver* et l'*Été*, Style Louis XIV. Un bouquet de girandoles Louis XV, à deux lumières. Une cassolette en bronze.

110 — Lot de fragments de bronze.

111 — Lot de fragments divers bronze, émaux, etc.

112 — Fort lot de bronzes, provenant de meubles, glaces, terrasses, binets, poignées chutes, chapiteaux, etc. (Sera divisé.)

113 — Deux socles de style Louis XVI en bronze ciselé et doré, avec gorge à entrelacs et perles.

MARBRES

TERRES CUITES — IVOIRES

114 — STATUETTE *d'amour au dauphin*, sur socle à feuillages, en marbre blanc. XVIIIe siècle.

115 — DEUX PETITS BUSTES en marbre.

116 — FRAGMENTS DE MARBRE taillés en cylindres, cinq pièces.

117 — COLONNETTE SUPPORT en marbre brèche, de différente nature.

118 — DEUX SOCLES en marbre noir, un autre en marbre veiné et deux jardinières en faïence.

119 — CINQ SOCLES ou presse-papier en marbre.

120 — MÉDAILLON en bas-relief. Portrait d'homme de profil à gauche, en pierre. Époque de la Renaissance.

121 — CHEMINÉE en marbre blanc, à décor de rubans, d'entrelacs, de rosaces et de perles. Époque Louis XVI.

Haut., 1 m. 10; larg., 1 m. 28.

122 — DEUX FUTS DE COLONNE en marbre gris.

123 — FUT DE COLONNE en granit rose, base en marbre blanc.

Haut., 1 m. 30.

124 — DEUX PETITS FUTS DE COLONNE, en bois peint, imitant le porphyre.

Haut., 0 m. 70.

125 — COLONNE en marbre rouge, pouvant supporter un buste.

Haut., 1 m. 00.

126 — COLONNE en marbre rouge, pouvant supporter un buste.

Haut., 1 m. 05.

127 — FUT DE COLONNE en stuc, imitant le marbre.

Haut., 1 m. 00.

128 — FUT DE COLONNE cannelée, à base moulurée formant support en stuc.

129 — COLONNE SUPPORT en stuc.

130 — STATUETTE en terre cuite, jeune fille tenant un nid sur des branchages.

131 — CHIEN aux écoutes, en terre cuite.

132 — MÉDAILLON en terre cuite, *saint Georges et le dragon.* xviiie siècle.

133 — CHRIST en ivoire sculpté, avec petit médaillon. xviie siècle.

134 — TROIS CHRIST ivoire sur croix en bois noir.

135 — LOT DE HUIT PIÈCES en ivoire, Vierges, têtes de morts, etc.

OBJETS DE VITRINE

ÉVENTAILS, MINIATURES, BOITES ANCIENNES, OBJETS EN OR ET ARGENT

166 136 — Éventail du temps de Louis XV, monture en ivoire ajouré, peint et doré, feuille peinte à la gouache animée de six personnages, joueurs de tambourins et danseurs.

156 137 — Éventail du temps de Louis XV, feuille peinte à la gouache sur vélin, sujet pastoral, monture en ivoire découpée à jour.

130 138 — Éventail du temps de Louis XV, monture en ivoire découpé, peint et doré, feuille peinte à la gouache : le jeu de quilles.

139 — Éventail du temps de Louis XV, monture en os et nacre peint et gravé, feuille en parchemin peint à la gouache. Fête pastorale.

140 — Éventail du temps de Louis XVI, monture en nacre incrustée, feuille peinte à la gouache : *Sacrifice à l'amour* et bouquets de roses.

141 — Éventail du temps de Louis XVI, monture en nacre incrustée, feuille peinte à la gouache : fête champêtre, joueur de vielle et danseurs, avec encadrement de fleurs et dorure.

280 142 — Quatre éventails du temps de Louis XV et Louis XVI, peints à la gouache; montures en ivoire et écaille.

143 — Trois éventails d'époques diverses et trois montures nacre et os.

144 — Quatre éventails en vernis Martin, sur ivoire, plus un débris de monture.

145 — Miniature ovale. Époque Louis XVI. portrait d'une jeune femme les cheveux poudrés et robe blanche avec ruban bleu.

146 — Trois miniatures du xviiie siècle; portraits de femmes, dont une coiffée d'un chapeau, tenant un chien. Une signée MIESLLET.

147 — Trois miniatures du xviiie siècle, portraits de femmes représentées en costume bleu avec couronne de fleurs, en vestale et costume blanc, avec ruban dans les cheveux.

148 — Petite miniature, portrait de femme sur ivoire, cadre noir.

149 — Trois miniatures: portrait de femme avec chien, portrait de jeune fille avec roses, et une marine.

150 — Miniature ovale, portrait de Napoléon Ier.

151 — Boîte de forme ronde et plate en écaille brune et intérieur en or. Époques Louis XV et Louis XVI.

152 — Trois tabatières en argent ciselé avec sujet sur le couvercle. Époque Louis XV.

153 — Six pièces, deux boîtes rondes en ivoire avec émail et chiffres sur le couvercle; une tabatière en nacre, un cadre à miniature en écaille et deux dessus de boîtes.

154 — DEUX ÉCRINS en galuchat, dont un avec miniature et deux miniatures sans cadre : *Marie-Antoinette et ses enfants*, d'après Mme Vigée-Le Brun; et un portrait d'homme.

155 — ÉMAUX provenant de montres anciennes et autres. Environ quatorze pièces.

156 — PETIT ÉMAIL ovale du xviie siècle avec cadre en argent ciselé.

157 — DEUX FACES A MAIN en argent doré. Époque Louis XV.

158 — DEUX ENCRITIERS en argent repoussé, dont l'un représente la gloire du Christ. Époque Louis XIV; l'autre, un vase et guirlandes de fleurs. Époque Louis XVI.

159 — DEUX ÉTUIS dont un en argent et l'autre en cuivre doré et un cachet. Époque Louis XVI.

160 — QUATRE BOUCLES Louis XVI, trois de forme ovale, une octogonale; monture en argent orné de strass et pierre de couleur rouge.

161 — SIX BOUCLES Louis XVI de forme ovale et dépareillées, montures en argent orné de strass.

162 — DIX-NEUF BOUTONS du temps de Louis XVI, dont dix ornés de miniatures portraits de jeunes femmes, et neuf de paysages et attributs.

163 — NEUF BOUCLES de formes diverses, montures en argent et métal, ornées de strass dont une paire de verres bleus.

164 — DOUZE PETITES BOUCLES Louis XVI, de forme ovale, monture en argent ornée de strass.

165 — Six boutons émaillés bleu avec petits pois de couleur, or, verts et blancs.

166 — Neuf boutons avec armoirie portant la devise : *Ingenio et labore*, en argent.

167 — Vingt-deux pièces en argent orné de marcassite, broches, pendentifs, bracelets, agrafes.

168 — Quatre écrins renfermant environ quatre-vingt-dix boutons dépareillés.

169 — Dix pièces : broches et nœuds de rubans en argent orné de strass et pierres de couleurs.

170 — Cinq pendentifs. Saint-Esprit en argent orné de strass.

171 — Quatre broches-médaillons anciens en strass, ornées de miniatures.

172 — Six pièces pendentifs, broches, médaillons en or et argent garni de strass et ornés d'émaux, de camées, ivoire découpé et fleurs en étoffe découpées.

173 — Sept pièces en or émaillé, pendentif, broches, clefs de montre, médaillons, boucles d'oreilles.

174 — Quatre épingles de cravate en or et métal, ornées d'émaux, de strass et œil de tigre.

175 — Huit pièces en or, argent et métal ; broches, pendentifs, médaillons montés de strass et ornés d'émaux en partie du xviiie siècle.

176 — Quatre épingles à chapeau ornées de petites perles et pierres de couleurs.

177 — QUATRE CHAÎNES de col en argent, cuivre et doublé.

178 — DIX-NEUF PIÈCES DE MONNAIE ou médailles en argent.

179 — SIX CHATELAINES Louis XV et Louis XVI, en cuivre doré.

180 — Sous ce numéro seront vendus plusieurs lots de menus objets, médaillons, cachets, clefs, breloques diverses, débris en or et en argent, agrafes, bijoux anciens, etc.

FAÏENCES & PORCELAINES

181 — ASSIETTE avec gerbe de fleurs simulées en porcelaine de Saxe.

182 — SOCLE circulaire en porcelaine de Saxe.

183 — SERVICE A THÉ, composé d'une théière, boîte à thé, pot à crème, six tasses et quatre soucoupes en porcelaine de Saxe à fleurs.

184 — TROIS ASSIETTES en porcelaine de Chantilly, Saxe et de l'Inde.

185 — TREIZE POMMES DE CANNE en porcelaine de Saxe et Chantilly.

186 — COMPOTIER de forme Louis XV, décoré dans le goût coréen de Chantilly.

187 — LOT DE TREIZE PIÈCES DIVERSES et dépareillées en porcelaine de Saxe, Mennecy et autres.

188 — TÊTE-A-TÊTE, composé d'une cafetière, pot à lait, flacon à thé, sucrier, deux tasses et soucoupes en porcelaine allemande, à fond jaune et réserves blanches à fleurettes.

189 — ASSIETTE en porcelaine de Sèvres, pâte tendre, décor de bouquets de fleurs, avec bordure bleue.

190 — TASSE et SOUCOUPE Sèvres, deux petites potiches Chine, deux pommes de canne et une boîte à épices en faïence.

191 — BOUQUET DE FLEURS en porcelaine décorée au naturel.

192 — ENVIRON QUARANTE FLEURETTES en porcelaine, décorée au naturel.

193 — ENVIRON CINQUANTE FLEURETTES en porcelaine décorée au naturel.

194 — DEUX TASSES en porcelaine tendre à décor variés.

195 — DEUX TASSES en porcelaine.

196 — COUPE sur piédouche, tasse et soucoupe en émail à décor de figures dans des médaillons.

197 — ASSIETTE en porcelaine de Paris, décor à fleurs, deux autres assiettes en porcelaine de Chantilly, au chiffre L entrelacé, et deux assiettes en faïence.

198 — CAFETIÈRE, théière, sucrier, une tasse et soucoupe en porcelaine de Chine.

199 — PAIRE DE POTICHES couvertes en porcelaine du Japon, à décor polychrome, rehaussé d'or.

200 — AUTRE PAIRE DE POTICHES couvertes, en porcelaine du Japon à décor analogue.

201 — DEUX PLATS creux cloisonnés du Japon.

202 — TROIS MÉDAILLONS bas-reliefs en biscuit, et une statuette de Vierge.

203 — JARDINIÈRE PORTE-BOUQUETS en ancienne faïence de Strasbourg, décorée de bouquets de fleurs.

204 — PLAT rond en faïence de Nevers, décor bleu.

205 — PLAT creux en ancienne faïence italienne à décor allégorique.

206 — SOUPIÈRE et deux petites potiches en faïence.

207 — ONZE ASSIETTES en faïence et porcelaines diverses.

208 — LOT DE DIFFÉRENTES PIÈCES porcelaine et faïence. Onze pièces.

209 — TROIS CRUCHES en grès allemand, sans couvercle.

OBJETS VARIÉS

210 — BOULE en cristal et applique en bronze.

211 — JARDINIÈRE de forme ronde, reposant sur trois pieds en bois sculpté et peints. Époque Louis XVI.

212 — VINGT PIONS DE TRIC-TRAC en buis sculpté.

213 — LOT D'ENVIRON TRENTE-DEUX PIÈCES : dames de tric-trac en ivoire.

214 — LOT D'ÉCRINS à éventails.

215 — Huit étuis ou écrins en maroquin pour couverts, livres et un porte-monnaie.

216 — Lot de quarante-deux étuis en galuchat, du xviiie siècle.

217 — Lot de sept pièces, étuis en maroquin et autres.

218 — Table d'intérêt et calendrier avec plaque en argent gravé.

219 — Cadran d'horloge avec son mouvement du temps de Louis XIV, en émail et cuivre.

220 — Douze couteaux ou fragments dépareillés.

221 — Deux boîtes en laque, une face à main en écaille, mouchette, couvert, cisaille, cinq cadrans en émail, etc.

222 — Lot d'environ trente burettes et flacons en verre gravé et autres.

223 — Fontaine en cuivre repoussé.

224 — Baromètre avec cadran argenté.

225 — Lot de cadres et miniatures, débris divers.

226 — Boîte carrée en laque.

227 — Lustre hollandais à douze lumières, en cuivre.

228 — Socle de pendule en forme de cul-de-lampe, en marqueterie d'écaille et de cuivre, orné de bronzes. Époque Régence.

229 — Boussole du temps de Louis XIII, en cuivre gravé.

230 — Une boussole en cuivre et un compas.

231 — Bouquet de fleurs en plomb. Époque Louis XIV.

232 — Lot de dentelles diverses.

233 — Sous ce numéro, tableaux, gravures, cadres, débris de bois doré, chevalets, etc.

(*Sera divisé.*)

234 — Lot de gravures diverses en portefeuilles.

235 — Deux fragments de reliure en cuir peint et gravé, travail byzantin.

236 — Cinq volumes in-folio, livre d'heure et planches de l'*Encyclopédie*, reliés en vélin.

237 — Lot de sept volumes anciens.

238 — Lot de livres anciens et modernes.

TAPISSERIES

BORDURES

239 — Panneau en tapisserie : *Chevalier partant pour le tournoi.* Époque Renaissance.

Haut., 2 m. 50; larg., 0 m. 50.

240 — Tapisserie de Flandre représentant : la *Chasse au sanglier*, entourée de bordures à guirlandes de fleurs et de fruits. Époque Louis XIII.

Haut., 2 m. 85; larg., 2 m. 40.

241 — Portière en tapisserie verdure. Époque Louis XIII.

Haut., 2 m. 25; larg., 1 m. 35.

405

242 — Tapisserie verdure d'Aubusson. Époque Louis XIII.

Haut., 2 m. 40; larg., 2 m. 55.

1650

243 — Grande tapisserie verdure d'Aubusson. Époque Louis XIII.

Haut., 2 m. 90; larg., 4 m. 15.

1620

244 — Tapisserie flamande : *La chasse aux cerfs*, encadrée de bordures à guirlandes de fleurs. Époque Louis XIII.

Haut., 2 m. 65; larg., 2 m. 85.

265

245 — Tapisserie verdure. Époque Louis XIII.

Haut., 1 m. 85; larg., 2 m. 45.

250

246 — Panneau en tapisserie verdure. Époque Louis XIII.

Haut., 1 m. 85; larg., 1 m. 55.

576

247 — Panneau de tapisserie verdure de la fabrique d'Audenarde : le *Retour de la chasse*. Époque Louis XIV.

Haut., 3 m. 30; larg., 1 m. 30.

730

248 — Petite tapisserie représentant *la Chasse au sanglier*. Bordures simulant un cadre. Époque Louis XIV.

Haut., 1 m. 90; larg., 1 m. 55.

410

249 — Portière en tapisserie verdure d'Aubusson, représentant des oiseaux et des fleurs dans un décor de feuillages, encadrée de bordures à enroulements. Époque Louis XIV.

Haut., 2 m. 90; larg., 1 m. 35.

700

250 — Tapisserie verdure d'Aubusson, encadrée de bordures à décor, de rinceaux et de fleurs. Époque Louis XIV.

Haut., 2 m. 70; larg., 4 m. 35.

300

251 — PANNEAU de tapisserie verdure de Flandre, représentant au premier plan un bouquet de roses trémières, sur un fond de paysage. Époque Louis XIV.

> Haut., 2 m. 90; larg., 1 m. 10.

800

252 — TAPISSERIE verdure flamande, encadrée de bordures à guirlandes de fleurs. Époque Louis XIV.

> Haut., 2 m. 45; larg., 3 m. 10.

280

253 — PANNEAU de tapisserie verdure d'Aubusson. Époque Louis XIV.

> Haut., 1 m. 90; larg., 1 m. 00.

300

254 — PANNEAU de tapisserie verdure flamande. Époque Louis XIV.

> Haut., 2 m. 00; larg., 1 m. 65.

236

255 — PANNEAU de tapisserie verdure flamande. Époque Louis XIV. Bordures modernes.

> Haut., 2 m. 00; larg., 1 m. 90.

250

256 — PANNEAU de tapisserie verdure d'Aubusson. Époque XVIIe siècle.

> Haut., 2 m. 65; larg., 1 m. 25.

1600

257 — PANNEAU en tapisserie de Flandre : *le Départ pour la chasse.* Époque XVIIe siècle.

> Haut., 2 m. 30; larg., 1 m. 70.

560

258 — PANNEAU de tapisserie d'Aubusson : *Le Repas champêtre.* Époque Louis XV.

> Haut., 1 m. 87; larg., 1 m. 40.

290

259 — PANNEAU en tapisserie d'Aubusson : *La Joueuse de guitare.* Bordures modernes. Époque Louis XV.

> Haut., 2 m. 25; larg., 1 m. 05.

2.300

260 — Tapisserie d'Aubusson, représentant les jardins d'un château où jouent de jeunes garçons. Bordures à guirlandes de fleurs. Époque Louis XV.

Haut., 2 m. 15; larg., 2 m. 5o.

1.750

261 — Tapisserie verdure d'Aubusson, d'après les compositions de Billement, représentant un paysage chinois aux rochers surmontés de pagodes surplombant une rivière entourée d'arbres exotiques et de fleurs. Encadrement de bordures à guirlandes. Époque Louis XV.

Haut., 2 m. 75; larg., 4 m. 25.

1.500

262 — Tapisserie d'Aubusson. Composition d'après Pillement à décor de paysage chinois, animé de fleurs et d'oiseaux. Bordures simulant un encadrement. Époque Louis XV.

Haut., 2 m. 40; larg., 2 m. 75.

1.300

263 — Tapisserie verdure d'Aubusson : *Chien en arrêt de vant un faisan.* Bordures à guirlandes de fleurs et enroulements. Époque Louis XV.

Haut., 2 m. 75; larg., 4 m. 5o.

215

264 — Petite tapisserie d'Aubusson, d'après les compositions de Pillement, encadrée de bordures à guirlandes de fleurs. Époque Louis XV.

Haut., 2 m. 65; larg., 1 m. 25.

430

265 — Tapisserie d'Aubusson représentant un paysage chinois, d'après les dessins de Pillement. Encadrement de bordures à palmes. Époque Louis XV.

Haut., 2 m. 5o; larg., 2 m. 40.

266 — Tapisserie verdure d'après les compositions d'Oudry : *Chien en arrêt devant un faisan.* Époque Louis XV.

Haut., 2 m. 75; larg., 2 m. 40.

1.100 267 — TAPISSERIE verdure d'Aubusson, à sujet d'après les compositions d'Oudry. Époque Louis XV.

> Haut., 2 m. 80; larg., 2 m. 30.

685 268 — TAPISSERIE verdure flamande, entourée de bordures simulant un cadre. Époque Louis XV.

> Haut., 3 m. 20; larg., 2 m. 05.

965 269 — TAPISSERIE verdure flamande. Époque Louis XV.

> Haut., 3 m. 35; larg., 2 m. 60.

365 270 — LOT DE LARGES BORDURES à décor de personnages, de fleurs et de fruits de diverses fabriques. Époque Renaissance.

> Environ 22 m. 25.

220 271 — LOT DE MORCEAUX DE BORDURES de tapisseries diverses. Époque Renaissance.

> Environ 18 m. 50.

145 272 — BORDURE en tapisserie de Flandre, à guirlandes de fleurs et de fruits, sur fond marron. Époque Louis XIII.

> Environ 4 m. 50.

235 273 — BORDURE à dessin d'après Bérain, en tapisserie de Flandre. Époque Louis XIV.

> Environ 3 m. 85.

250 274 — BORDURES en tapisserie de Flandre, à décor de rinceaux et de fleurs. Époque Louis XIV.

> Environ 8 m. 45.

230 275 — BORDURES en tapisserie de Flandre, à guirlandes de fleurs. Époque Louis XIV.

> Environ 4 m. 80.

160 276 — BORDURES en tapisserie de Flandre, à décor de rinceaux et de fleurs. Époque Louis XIV.

> Environ 5 m. 60.

500 277 — Lot de neuf bordures à dessin simulant des encadrements. Époque Louis XIV.

Environ 54 m. 35.

250 278 — Lot de morceaux de bordures diverses. Époque Louis XIV.

800 279 — Tapisserie d'écran de la fabrique de Bruxelles. Époque Louis XIV.

Haut., 0 m. 95; larg., 0 m. 75.

295 280 — Tapisserie d'écran à décor de pavot sur fond rouge, de la fabrique d'Aubusson. Époque Louis XIV.

Haut., 0 m. 55; larg., 0 m. 75.

400 281 — Lot de quatorze morceaux de bordures diverses. Époque XVII siècle.

Environ 15 m. 40.

950 282 — Bordures en tapisserie de Beauvais, de deux dessins différents. Époques Louis XIV et Louis XVI.

Environ 11 mètres.

360 283 — Deux dossiers de fauteuil, en tapisserie d'Aubusson, représentant des sujets tirés des *Fables de La Fontaine*, dans des encadrements de fleurs sur fond rouge. Époque Louis XV.

360 284 — Quatre sièges en tapisserie d'Aubusson. Époque Louis XV.

435 285 — Siège et dossier de fauteuil en tapisserie d'Aubusson, à sujet tiré des *Fables de La Fontaine*, sur fond bleu. Époque Louis XV.

180 286 — Quatorze bandes et un siège de fauteuil en tapisserie de Beauvais. Époque de l'Empire.

Environ 7 m. 50.

287 — QUATORZE BANDES et un siège en tapisserie de Beauvais. Époque Empire.

288 — LOT DE BORDURES étroites en tapisserie de Beauvais, à guirlandes de feuilles de chêne sur fond bleu. Époque Empire.

Environ 35 m. 75.

289 — SEPT SIÈGES et dossiers en tapisserie de diverses époques.

290 — LOT DE LARGES BORDURES à décor d'Amours, de médaillons, de fleurs et fruits, de diverses époques.

Environ 11 mètres.

291 — LOT DE QUINZE MORCEAUX de bordures diverses.

Environ 16 m. 50.

292 — LOT DE BORDURES étroites de diverses époques.

Environ 38 m. 15.

293 — LOT DE BORDURES étroites de diverses époques.

Environ 54 m. 65.

294 — LOT DE BORDURES étroites de diverses époques.

Environ 63 m. 70.

295 — LOT DE NEUF MORCEAUX de bordures diverses.

Environ 10 m. 75.

296 — LOT DE SIX MORCEAUX de bordures diverses.

Environ 20 m. 25,

297 — LOT DE SIX MORCEAUX de bordures diverses.

Environ 23 m. 75.

298 — Lot de dix bordures de tapisserie de diverses époques.

Environ 15 m. 40.

299 — Lot de dix bordures de diverses époques.

Environ 17 m. 50.

ÉTOFFES & FRANGES

300 — Devant d'autel en brocatelle verte, à petits dessins. Époque Renaissance.

Haut., 0 m. 70; larg , 2 m. 00.

301 — Grande bande de broderies sur fond de soie blanche, formant cinq panneaux, à petits dessins brodés d'or. Deux de ces panneaux sont ornés d'armoiries. Époque Renaissance.

Environ 2 m. 65.

302 — Parement d'autel en broderie au passé, représentant des oiseaux, entouré de bordures de velours havane, ornées de broderies au passé. Époque Renaissance.

Haut., 2 m. 40; long., 1 m. 00.

303 — Lot de dix bandes de broderies sur fond de velours. Époque Renaissance.

Larg., 9 m. 00.

304 — Lot de dix-huit pièces de broderies au passé ou applications. Époque Renaissance.

Environ 16 m. 80.

305 — Couverture en brocart, lamé d'or, à décor de feuillages d'argent et de petites fleurs jaunes sur fond bleu pâle. Époque Louis XIII.

Environ 8 mètres.

306 — LOT DE DAMAS de soie, de couleur verte, à grands dessins. Style Louis XIV.

Environ 42 mètres.

307 — DEUX HOUSSES de chaises et une housse de fauteuil, en soie et applications de broderies, et une garniture de selle en velours rouge, ornée de broderies d'argent. Époque Louis XIV.

308 — CHAPE en brocart d'or. Époque Louis XIV.

309 — LOT DE SOIE BROCHÉE, à dessin de grandes fleurs, sur fond crème. Époque Louis XIV.

310 — DEUX RIDEAUX en peluche, à rayures jaunes et vertes. Époque XVIIe siècle.

Haut., 2 m. 00; larg., 1 m. 30.

311 — QUATRE PIÈCES de brocart lamé d'or et d'argent, à décor de bouquets de fleurs et de fruits polychromes sur fond bleu. Époque XVIIe siècle.

312 — LOT DE BROCART lamé d'or et d'argent, à grand dessin de bouquets et guirlandes de fleurs polychromes. Époque XVIIe siècle.

313 — SIX PIÈCES de brocart lamé d'or et d'argent, à décor de palmes et de cornes d'abondance sur fond bleu. Époque XVIIe siècle.

314 — CHAPE en brocart de soie, à grands dessins, lamé d'or et d'argent sur fond lilas. Travail italien. Époque XVIIe siècle.

315 — SOIE BROCHÉE, à décor de grandes feuilles sur fond bouton d'or. Époque XVIIe siècle.

Environ 13 mètres.

316 — Brocart de soie, fond bleu, lamé d'argent, à grands dessins de fleurs et de feuillages polychromes. Époque xviie siècle.

Environ 8 mètres.

317 — Huit pièces de broderies au passé, sur fond de satin ou de soie. Époque xviie siècle.

318 — Deux pièces de brocart de soie, à fleurettes sur fond vert. Époque xviie siècle.

1°) Haut., 1 m. 60; larg., 2 m. 65.
2°) Haut., 2 m. 00; larg., 1 m. 05.

319 — Tapis en satin blanc, orné de broderies au passé, figurant des chimères, des oiseaux et des fleurs. Époque xviie siècle.

Haut., 2 m. 80; larg., 1 m. 80.

320 — Lampas de soie, à grands dessins or, sur fond brique. Époque Louis XV.

Environ 47 mètres.

321 — Damas de soie rouge à grands dessins. Époque Louis XV.

Environ 27 m. 50.

322 — Lot de damas de soie rouge à grands dessins. Époque Louis XV.

Environ 67 mètres.

323 — Lot de damas et de brocatelle, de couleur rose, à grands dessins. Époque Louis XV.

Environ 22 mètres.

324 — Lot de soie brochée, à dessin de fleurs sur fond bleu. Époque Louis XV.

Environ 17 mètres.

325 — Tapis en soie brochée, à décor de fleurs et de rubans sur fond vert. Époque Louis XV.

Environ 6 mètres.

300

326 — Lot de soie brochée, à bouquets de fleurs enrubannés sur fonds de diverses nuances. Époque Louis XV.

Environ 20 mètres.

298

327 — Lot de soie brochée, à bouquets sur fonds de différentes couleurs. Époque Louis XV.

Environ 11 m. 50.

328 — Lot de damas rose, composé de sièges et de bandes à différents dessins. Époque xviiie siècle.

Environ 30 m. 50.

329 — Cantonnière en brocart d'argent. Travail italien. Époque xviiie siècle.

Environ 2 mètres.

205

330 — Lot de quatre pièces de soie brochée, à bouquets de fleurs sur fond de diverses nuances. Époque xviiie siècle.

Environ 13 mètres.

305

331 — Lot de soieries brochées. Époque xviiie siècle.

Environ 15 mètres.

150

332 — Brocart d'or sur fond bleu turquoise, à décor d'arabesques. Travail italien. Époque xviiie siècle.

Haut., 2 m. 00; larg., 1 m. 30.

333 — Damas de soie rose, à petits dessins. Époque Louis XVI.

Environ 8 mètres.

334 — Tapis en dauphine, à rayures lilas, fond blanc à fleurettes. Époque Louis XVI.

Haut., 1 m. 90; larg., 1 m. 70.

335 — Tablier en satin blanc, orné de broderies au point de chainette, à dessin de bouquets et de branches de pommiers fleuris. Époque Louis XVI.

336 — Deux cantonnières et une pièce d'étoffe en satin broché, à dessins argent sur fond bleu. Époque Louis XVI.

> 1°) Haut., 1 m. 30; larg., 2 m. 00.
> 2°) Haut., 1 m. 40; larg., 2 m. 20.
> 3°) Haut., 1 m. 00; larg., 0 m. 60.

337 — Robe en soie rose, à rayures et fleurettes. Époque Louis XVI.

338 — Lot de soieries brochées, fond bleu et rayures à fleurettes. Époque Louis XVI.

> Environ 5 m. 40.

339 — Tapis en soie, fond satin à rayures. Époque Louis XVI.

> Haut., 1 m. 85; larg., 1 m. 45.

340 — Lot de soieries, à dessin or sur fond rouge. Époque de l'Empire.

> Environ 19 mètres.

341 — Parement d'autel, deux tuniques et une chasuble en satin blanc, ornés de broderies au passé, de diverses époques.

342 — Trois couvertures en satin, ornées de broderies au passé; l'une d'elles est brodée argent.

> 1°) Haut., 2 m. 30; larg., 2 m. 00.
> 2°) Haut., 2 m. 70; larg., 2 m. 30.
> 3°) Haut., 2 m. 00; larg., 2 m. 00.

343 — Deux tapis en brocart d'argent, à dessin de grandes fleurs sur fond bleu.

> Environ 6 mètres.

344 — Tapis en satin rouge, orné de broderies, représentant des fleurs et des oiseaux.

> Haut., 2 m. 00; larg., 1 m. 90.

345 — Dessus de lit en satin bleu, à dessin japonais, en
broderies au passé, représentant des oiseaux et des fleurs.

Haut., 2 m. 10; larg., 1 m. 80.

346 — Lot de brocatelles de soie, à dessins de couleur rose
sur fond or.

Environ 32 m. 40.

347 — Lot de morceaux de velours de Gênes. broderies et
damas de diverses époques.

348 — Belles franges à grilles. Époque Renaissance.

Haut., 0 m. 30; larg., 6 m. 00.

349 — Franges à grilles. de couleur rouge. Époque Renaissance.

Environ 7 mètres.

350 — Lot de franges rouges de diverses époques.

Environ 18 mètres.

351 — Lot de franges rouges de diverses époques.

Environ 20 mètres.

352 — Lot de franges rouges à pompons.

Environ 9 m. 80.

353 — Lot de franges rouges à pompons.

Environ 19 mètres.

354 — Lot de franges rouges à pompons.

Environ 26 mètres.

355 — Lot de franges de couleur verte à pompons.

Environ 21 mètres.

356 — Lot de franges de diverses époques.

Environ 27 mètres.

357 — LOT DE FRANGES, de couleur rouge et jaune, à pompons.

Environ 20 mètres.

358 — LOT DE FRANGES, de couleur rouge et or.

Environ 35 mètres.

359 — LOT DE FRANGES, de couleur rouge et or.

Environ 26 mètres.

360 — LOT DE FRANGES de diverses couleurs.

Environ 54 mètres.

361 — LOT DE PETITES FRANGES de diverses couleurs.

Environ 100 mètres.

362 — LOT DE PETITES FRANGES vertes à galons d'or.

Environ 9 mètres.

363 — LOT DE FRANGES à grilles, de couleur verte.

Environ 13 mètres.

364 — LOT DE FRANGES à grilles, de couleur verte.

Environ 13 mètres.

365 — LOT DE FRANGES polychromes à pompons.

Environ 16 mètres.

366 — LOT D'EFFILÉS de soie de diverses couleurs.

Environ 22 mètres.

367 — LOT D'EFFILÉS de soie de diverses couleurs.

Environ 25 mètres.

19299. — Lib.-Imp. réunies, rue Saint-Benoît, 7, Paris.